द्यूत कर्म फल

लघु काव्य

सिद्ध शंकर मिश्र

Copyright © Siddh Shankar Mishra
All Rights Reserved.

ISBN 979-888521881-8

This book has been published with all efforts taken to make the material error-free after the consent of the author. However, the author and the publisher do not assume and hereby disclaim any liability to any party for any loss, damage, or disruption caused by errors or omissions, whether such errors or omissions result from negligence, accident, or any other cause.

While every effort has been made to avoid any mistake or omission, this publication is being sold on the condition and understanding that neither the author nor the publishers or printers would be liable in any manner to any person by reason of any mistake or omission in this publication or for any action taken or omitted to be taken or advice rendered or accepted on the basis of this work. For any defect in printing or binding the publishers will be liable only to replace the defective copy by another copy of this work then available.

काव्य सुमन अर्पित करके आभार प्रकट करता हूँ,

स्नेह और सम्मान सहित निज प्यार प्रकट करता हूँ ।

सर्वप्रथम गुरुजन मैं जिनका करूँ व्यक्त कैसे आभार,

शब्द नहीं मिलते हैं मुझको हूँ यद्यपि मैं रचनाकार ।

मेरे सहयोगी सहकर्मी करूँ प्रशंसा बारंबार ,

जिनके प्रोत्साहन से ही हो सका कार्य यह है साकार ।

श्रेय इन्ही लोगों को है जो पूर्ण हुआ यह ससम्मान,

किया मिश्र ने यद्यपि है इस सूक्ष्म संकलन का निर्माण ।

क्रम-सूची

आमुख

बैठे-बैठे अनायास ही मन में विचार आया कि कुछ लिखूँ । किन्तु कैसे लिखूँ ? लेखन तो एक कला है, और इस कला में निपुण होना सहज कार्य नहीं है । मन में विचार तो अनेक हैं किन्तु उन विचारो को खाली पन्नों पर उतारना मेरे जैसे व्यक्ति के लिये निश्चित रूप से बड़ा ही कठिन कार्य था । एक सामान्य अध्यापक के लिये कवियों एवं लेखकों की तरह लिखना एवं अपने विचारों को पाठकों की संतुष्टि एवं रोचकता को ध्यान में रखते हुये पन्नों पर उकेरना रेगिस्तान में जल खोजने के समान है । बड़ा साहस कर लेखनी उठायी एवं खाली पन्नों से इसका सम्बन्ध जोड़ने का प्रयास करने लगा । माँ शारदे की कृपा हुई एवं अल्प ज्ञान तथा टूटे-फूटे शब्द-कोष के साथ इस अल्पज्ञ द्वारा इस लघु पुस्तक का सृजन हुआ ।

अतः पाठकों से करबद्ध प्रार्थना है कि प्रस्तुत पुस्तक की छोटी-बड़ी त्रुटियों पर ध्यान न देते हुये पुस्तक के लेखन एवं प्रकाशन के उद्देश्य को सफल बनायें ।

सरस्वती वन्दना

तेरा ही धरते ध्यान हम और मागते तेरी कृपा,

माता हमारी बुद्धि को कुछ श्रेष्ठ कर्मो में लगा ।

जब भी भटकते हम दिखें सन्मार्ग तू हमको दिखा,

सुख शान्ति गौरव से प्रफुल्लित बिन्दु का परिचय बता ।

माँ इस सकल संसार में हम शान्ति के दीपक बनें,

जलते रहें हम स्वये पर संसार को जगमग करें ।

मिलती रहे हमको सदा कर्तव्य की एक नयी दिशा,

साकार हो चरितार्थ हो आचार की मीमांसा ।

हे! हे! दयानिधि माँ सरस्वति वीणा-पाणि शारदे,

निज कर्म पथ से न डिगूँ मैं मुझको ऐसा ज्ञान दे ।

गणेश जी की वन्दना

हे प्रथम पूज्य हे देवश्रेष्ठ हे शक्तिमान शिवनन्दन

हम सकल बुद्धि तन मन और धन से करें तुम्हारा वन्दन ।

निज पारिश्रम फलीभूत हो ऐसा हमको वर दो

सबके जीवन में विद्या की अमर ज्योति तुम भर दो ।

जीवन भर हम सारे जग को ज्ञान से करें प्रकाशित,

जन-जन के अन्तर्मन में नित ज्ञान ज्योति हो दीपित ।

कृपा तुम्हारी होगी तो तो यह स्वप्न सार्थक होगा

इस जग का प्रत्येक व्यक्ति जब शान्ति प्रवर्तक होगा ।

हे करुणानिधि महाप्रभो करो दिव्य ज्योति एक निर्मित

"मिश्र" समेत सर्व जनमानस हो जिससे आलोकित ।

गुरुजनों को समर्पित

इस जीवन रूपी बगिया को आदर्शों से जिसने सींचा,

जिसकी नजरों में कोई फूल न है ऊँचा न है नीचा ।

जो प्रभात से उठकर ही निज नित्य कर्म में लग जाता

अपने प्यारे पौधों का वह एक पल में दर्द समझ जाता ।

किस पौधे की टहनी टूटी किस पौधे में छूटीं कलियां

किस पौधे का अंकुर फूटा किस पौधे ने दे दी फलियां ।

कोई पौधा मुरझाया तो वह अपना प्यार लुटाता है

यदि इधर-उधर बहके फिसले तो सही राह दिखलाता है ।

दिन-रात परिश्रम करता है सब भूख प्यास खे देता है

सुख में उनके वह सुखी हुआ दुख में उनके रो देता है ।

एक बाग बड़ा सा लगा मगर फल उनके न खा पाता है

कहने को बस एक माली पर वो जीवन का निर्माता है ।

माता-पिता को समर्पित

जीवनदायिनि जीवनदाता

हे अतिपूज्य पिता और माता ।

चरण कमल में शत्-शत् वन्दन,

सदा आपकी महिमा गाता ।

सदा आपका पाकर ही आशीष विशालक,

हुआ आज इस योग्य एक छोटा सा बालक ।

शब्दों के मोती एक माला में भर-भर कर,

फिरता यह माला जनमानस को पहनाता ।

हे अतिपूज्य पिता और माता--------

सदा आपसे नेह-शीष पाया व पाऊँ,

इच्छा है कि आप हेतु मैं भी कुछ गाऊँ

अनत नेह को शब्दों में कैसे उलझाऊँ

चाहूँ पर वे मोती अब मैं खोज न पाता ।

हे अतिपूज्य पिता और माता---------

1. प्रस्तुत काव्य लेखन के प्रमुख उद्देश्य

उद्देश्यहीन साहित्य निरर्थक साहित्य होता है । साहित्य की सार्थकता एक स्वच्छ सामाजिक उद्देश्य में निहित होती है, अतः रचना का आरंभ करने से पहले यह निश्चित करना आवश्यक हो जाता है कि रचित साहित्य के माध्यम से हम समाज को क्या सन्देश देने जा रहे हैं ? अदना ही सही किन्तु एक कवि एवं लेखक होने के नाते मुझ पर भी यह बात लागू होती है अतः इस रचना का मुख्य भाग आरंभ करने से पहले इससे जुड़े प्रखर सामाजिक उद्देश्यों को उद्घाटित करना भी मेरी नैतिक जिम्मेदारी बनती hai । हालाँकि पौराणिक कथायें अपने आप में नितांत गहन अगणित उद्देश्यों एवं संदेशों को समाहित किये हुए हैं फिर भी अपनी बुद्धि एवं क्षमता के अनुसार मैंने प्रस्तुत काव्य लेखन के कुछ प्रमुख उद्देश्य निर्धारित किये हैं ।

अ-जुआ- सामाजिक कुरीति

द्यूत अर्थात् जुआ । चौसर तथा पासों का वह खेल जो सहज ही एक सामान्य व्यक्ति के जीवन को असामान्य बना देता है । इतना अधिक असामान्य कि सम्भवतः उसमें सामान्यता का कोई लक्षण ही शेष नही बचता । न तो वह सामान्य लोगों के बीच बैठने के योग्य रह जाता है, और न ही सामान्य जनसभाओं में सम्मिलित होने के । उसके जीवन में सब असामान्य ही घटित होता है ।

इतिहास इस तथ्य का साक्षी है कि द्यूत कर्म द्वारा न तो कोई व्यक्ति महान बन सका है न तो धनवान, और न ही उसे किसी निधि की प्राप्ति हुई है । यदि कुछ प्राप्त हुआ है तो वह है तिरस्कार, आत्मिक अंतर्द्वंद तथा पारिवारिक क्लेश । सामान्यतः जुए को लोग धन कमाने का त्वरित उपाय ही समझते हैं किन्तु सम्भवतः वे यह नही जानते हैं कि एक के दो, दो के चार का यह खेल अन्ततोगत्वा शून्य पर ही समाप्त होता है । इतिहास में ऐसे कई उदाहरण मिलते हैं जिसमें शर्त एवं जुए के व्यूह में फँसकर राजाओं ने अपने राज्य तथा अपने जीवन तक को हारा है । पुरा समय में जबकि द्यूत खेलने के इतने सीमित साधन थे तब भी धनवानों को राह का पत्थर बनते देर न लगती थी, तो वर्तमान समय में तो जबकि द्यूत खेलने के अनेकानेक साधन उपलब्ध है तथा द्यूत अपने विस्तार के चरम पर है - एक सामान्य व्यक्ति इसके आघात को कैसे सहन कर सकेगा, यह तथ्य वस्तुतः विचारणीय है ।

हमारे भारतीय समाज में कुछ त्योहारों को जुआ खेलने का प्रचलन है । किवदंती है कि इन त्योहारों को जुआ खेलना शुभकारी एवं लाभप्रद होता है । इसी के पणिामस्वरूप अनेक लोग अपने त्योहारों के आनन्द को नष्ट करते हैं । तथा कई दिनों की आर्थिक तंगी सहन करने को विवश हो जाते हैं । किन्तु यहाँ पर प्रश्न यह उठता है कि त्योहारों में जुआ खेलने के प्रचलन को क्या एक तथ्य के रूप में स्वीकार किया जा सकता है ? क्या यह तथ्य शास्त्रों में वर्णित है अथवा क्या यह विद्वानों तथा पुराणें द्वारा प्रमाणित है । सम्भवतः नहीं । हमें उन्हीं बातों पर विश्वास करना चाहिए जो शास्त्रोक्त तथा पौराणिक प्रमाणों से संलिप्त हों ।किसी भी धर्म अथवा शास्त्र ने द्युत की प्रशंसा नहीं की है अपितु इसके दोषों का बखान करते हुये इसे सामाजिक कुरीति की संज्ञा ही दी है ।

प्रस्तुत काव्य पौराणिक कथा के माध्यम से द्युत कर्म के फल पर प्रकाश डालते हुये जनसाधारण को द्युत उन्मूलन हेतु प्रेरित करता है तथा "जुआ एक सामाजिक कुरीति है " के संदेश को प्रसारित करते हुये अपने प्रमुख उद्देश्य "द्युत उन्मूलन" के सफल होने की आशा करता है।

ब - मातृभाषा

मातृभाषा की आवश्यकता तथा महत्व का बखान करते हुये प्रख्यात कवि एवं लेखक भारतेन्दु हरिश्चन्द्र की द्रुतगामी एवं प्रबल विचार प्रस्फुटक लेखनी ने अधोलिखित दोहा उद्धृत किया है-

निज भाषा उन्नति अहै, सब उन्नति को मूल ।

बिनु निज भाषा ज्ञान के, मिटै न हिय को सूल ।।

सर्वथा सत्य है । मनुष्य की प्रत्येक प्रकार की उन्नति का मूल मातृभाषा ही है । मातृभाषा ही वह भाषा है जिसकी अँगुली पकड़ कर एक अबोध बालक अपने नन्हें-नन्हें कदमो को ज्ञान के पथ पर उन्नति की ओर धीरे-धीरे अग्रसारित करता है, तथा कालान्तर में अनेक भाषाओं का विद्वान तथा वेदान्तवादी बनता है ।

विचारणीय तथ्य है कि उच्च से उच्च पद पर आसीन अधिकारी तथा महान जनसभाओं को सम्बोधित करने वाले विद्वान, इन सभी ने अपने प्रारंभिक शैक्षिक काल में मातृभाषा की अँगुली पकड़ कर ही ज्ञान के पथ पर चलना सीखा होगा । किन्तु बढ़ते हुये ज्ञान के क्षेत्र तथा उच्च पद प्राप्त करने की गरिमा में वे मातृभाषा के शब्दों के उच्चारण में संकोच का अनुभव करने लगते हैं । तथा विदेशी भाषाओं का प्रयोग करके वे स्वयं को गौरवान्वित अनुभव करते हैं- अत्यन्त संकोच का विषय है ।

आधुनिक मानव विशेषतः युवा वर्ग अंग्रजी भाषा का अपर्याप्त ज्ञान होने पर भी अपनी भाषा में अंग्रजी के शब्दों के प्रयोग को स्टेटस सिंबल (उच्च जीवन स्तर का प्रतीक) मानते हैं तथा जब उनके समक्ष कोई शब्द शुद्ध हिन्दी भाषा में बोला जाता है तो वे उसका अर्थ समझने हेतु कोई उत्सुकता प्रदर्शित किये बिना कहते हैं - " हिन्दी के शब्द मेरी समझ में नहीं आते थोड़ा अंग्रजी में समझाइये " - सोचिये तथा भविष्य की कल्पना कीजिये । भाषाओं का ज्ञान मनुष्य को महान बनाता है तथा देशाटन की योग्यता को उत्सर्जित करता है । इस दृष्टि से जितनी अधिक भाषाओं का ज्ञान प्रप्त किया जाये उत्तम तथा लाभकारी ही है । किन्तु जिसे माध्यम बनाकर इतना अर्जन किया उसे ही हेय दृष्टि से देखना कृतघ्नता के अतिरिक्त और कुछ नहीं ।

इसी वर्ष (२०१२) कुछ मास पूर्व दक्षिण अफ्रीका के जोहान्सबर्ग में विश्व हिन्दी महासम्मेलन का आयोजन किया गया । विश्व के जाने- माने प्रखण्ड विद्वान तथा उच्च उपाधियों से विभूषित अधकारी वर्ग इस महासममेलन का अंग बने तथा उन्होंने हिन्दी को विश्व भाषा बनाने तथा हिन्दी का प्रचार प्रसार करने पर विशेष बल दिया । यह एक प्रशंसनीय एवं भाषा को गौरवान्वित करने वाला विषय है । किन्तु इस सम्बन्ध में एक तथ्य और है जो वस्तुतः विचार करने योग्य है- कुछ महानुभाव जिनकी गणना उच्चतम श्रेणी के विद्वानों में की जानी चाहिये तथा जो इस महासम्मेलन के एक सक्रिय अंग के रूप में उपस्थितत थे - न तो हिन्दी का तनिक भी ज्ञान रखते थे और न ही हिन्दी बोलना जानते थे । किन्तु वे भारतीय थे । इस सम्बन्ध में यह

प्रश्न अत्यन्त उल्लेखनीय है - क्या उन्होने इस हिन्दी भाषा प्रचार सम्मेलन का अंग बनना इसलिये स्वीकार किया क्योंकि वे वैश्विक ख्याति को प्राप्त करना चाहते थे ? बात जो भी हो किन्तु हिन्दी का ज्ञान न होने पर भी हिन्दी का प्रचार करने की बात इसी तरह प्रतीत होती है जैसे एक व्यक्ति जो स्वयं तो दिन-रात शराब के नशे में डूबा रहता है किन्तु अन्य लोगो को शराब न पीने की शिक्षा देता है।

एक राष्ट्रीय स्तर के नेता जो कि हिन्दी दिवस के अवसर पर जन सभा को सम्बोधित करने के लिये आमंत्रित किया जाता है। मंच पर आते ही नेता जी अपने भाषण का शुभारंभ इन शब्दो के साथ करते हैं " आई एम वेरी ग्लैड टुबी हियर आन दिस ग्रेड ओकेजन आफ नेशनल हिन्दी डे।"सोचिये - हिन्दी दिवस के अवससर पर अपने वक्तव्यों में अंग्रेजी भाषा का प्रयोग सम्भवता नेता जी की उच्च जीवन शैली को ही प्रदर्शित करता है।

अमर उजाला नामक हिन्दी दैनिक समाचार पत्र के रविवार को प्रकाशित होने वाले अतिरिक्त अंक में एक पांच वर्ष की नन्ही बालिका की कविता प्रकाशित हुई - मुझे स्मरण नहीं यह किस दिनांक में प्रकाशित हुई जिसका शीर्षक था - "हिन्दी है माथे की बिन्दी"। पढ़कर हृदय आल्हादित हुआ तथा मन भविष्य की सुनहरी कल्पनाओ में खो जाने को उत्सुक होने लगा । एक पांच वर्ष की बालिका तथा मातृभाषा के लिये यह विचारधारा वास्तव में प्रेरणास्पद है ।

वर्तमान में आवश्यकता है नौनिहालों में हिन्दी के प्रति रुचि व सम्मान की भावना जाग्रत करने की । तभी हिन्दी भाषा जो कि संसार की प्राचीनतम भाषाओं में से एक है, के अस्तित्व को सुरक्षित रखा जा सकता है । प्रस्तुत काव्य की रचना भी इसी उद्देश्य की दिशा में कार्य करते हुये जहाँ तक सम्भव हो सका है हिन्दी के शुद्ध तत्सम शब्दों का प्रयोग करके ही की गयी है ।

स - साहित्यिक एवं पौराणिक ज्ञान

भारतीय पौराणिक साहित्य एक अथाह ज्ञान सागर है । इस अथाह ज्ञान सागर में ऐसे अमूल्य मोती छिपे हुये हैं, जिन्हे पाकर किसी भी सामान्य व्यक्ति का जीवन अद्भुत सम्पत्ति से मालामाल हो जाये । बस आवश्यकता है एकाग्रचित से इन्हें खोजने की और इन्हें वैधानिक रूप से प्रयोग करने की ।

वर्तमान में विद्यार्थी वर्ग पाश्चात्य साहित्य के अध्ययन को अधिक लाभप्रद एवं रोचक मानते हैं । उन्हें कालिदास की अपेक्षा शेक्सपियर एवं वेदव्यास की अपेक्षा मिल्टन के जीवन चरित्र एवं काव्य के अध्ययन में अधिक आनन्द प्राप्त होता है। सम्भवतः यह समाज के आधुनिकीकरण का प्रभाव है अथवा यह भी हो सकता है कि पौराणिक कथाओं के अध्ययन को उनके द्वारा रूढ़िवादी एवं अन्धविश्वासपूर्ण माना जाता है । किन्तु प्रश्न जहाँ तक आधुनिकीकरण का है तो आधुनिकीकरण का अर्थ पाश्चात्यीकरण कदापि नहीं हो सकता । ज्ञान स्वतंत्र है, यह पूर्ण रूप से मुक्त है, यह असीमित है तथा इसे किसी भी सीमा में बाँधना असंभव है। इन स्थितियों में साहित्य कोई भी हो पूर्वी या पाश्चात्य- सभी का अध्ययन लाभप्रद एवं ज्ञानवर्धक है । किन्तु मातृ साहित्य की अव्हेलना करना तथा इसे तिरस्कृत करना सर्वथा अनुचित तथा निन्दनीय है । साहित्य समाज का दर्पण है तथा पौराणिक साहित्य सम्पूर्ण साहित्य के मस्तक का तिलक - जिससे हमें जीवन जीने की

शैली, नियम-संयम, न्याय-अन्याय तथा उचित एवं अनुचित में भेद करने का ज्ञान प्राप्त होता है, तथा जीवन नित्य नवीन प्रेरणाओं से अभिसिंचित होता रहता है। जिनसे जीवन की भावी योजनाओं हेतु बल प्राप्त होता है तथा मनुष्य उन्नति के मार्ग पर अग्रसारित होता है ।

प्रस्तुत काव्य का सृजन भी जनसाधारण को साहित्य के प्रति आकर्षित करने के उद्देश्य से किया गया है भगवान वेदव्यास द्वारा रचित ''महाभारत'' नामक महाग्रन्थ के अन्तर्गत कौरवों द्वारा आयोजित द्युत सभा का काव्यात्मक चित्रण निश्चित रूप से पाठकों को हिन्दी काव्य तथा पौराणिक साहित्य के प्रति उत्प्रेरित करेगा ।

जिन उद्देश्यों को आधार बनाकर प्रस्तुत काव्य की रचना की गयी है, आशा है कि लेखक पाठकों के स्नेहमय सहयोग के साथ इन उद्देश्यों को प्राप्त करने में सफल होगा ।

-सिद्ध शंकर मिश्र

2. पृष्ठभूमि

श्रीकृष्ण का सानिध्य प्राप्त करके पाण्डवों ने इन्द्रप्रस्थ नगर का निर्माण किया तथा कुन्ती व पाँचाली समेत वहीं पर निवास करने लगे । चूँकि इस नगर का निर्माण श्रीकृष्ण के आदेशानुसार योगमाया के द्वारा करवाया गया था । अतः यह अत्यन्त विचित्र तथा अनुपम सौन्दर्य से परिपूर्ण था । इसके सौन्दर्य तथा अद्भुदय का वर्णन विद्वानों की लेखनी से परे था । संसार के सुन्दरतम् नगर भी इस नगर के समक्ष अपने नेत्रों को झुकाने के लिये इस प्रकार विवश हो जाते थे जैसे प्रबल दुग्ध सम श्वेत प्रकाश पुंजों से आच्छादित पूर्णमासी का चन्द्रमा सूर्य की प्रथम किरण के साथ ही अपने मस्तक को शनैः-शनैः झुकाने लगता है तथा अन्ततः स्वयं को सम्पूर्ण रूप से सूर्य को समर्पित कर देता है । इन्द्रप्रस्थ के अनूठे, विचित्र, सौन्दर्यशाली एवं कोटि सूर्यों से प्रकाशमान अद्भुत प्रासाद का अवलोकन करके स्वर्ग के अधिष्ठाता देवराज इन्द्र भी सहसा इसे प्राप्त करने को लालायित हो उठते । किन्तु कृष्ण रूपी कवच के आवरण को देखकर उन्हे स्वयं को किसी प्रकार संतुष्ट करना पड़ता ।

नगर का राजकोषागार तो संसार के किसी भी रत्न मणि मोती अथवा आभूषण से बचा नहीं था । इसका अवलोकन करने पर यूँ प्रतीत होता था मानो धन के देवता कुबेर ने स्वर्ग तथा विश्व के प्रत्येक कोण से सम्पूर्ण वैभव बटोरकर इसी कोषागार को समर्पित कर दिया हो । इस अथाह

सम्पत्ति के आदि एवं अन्त की व्याख्या करना सम्भवतः सहज कार्य नहीं था ।

इन्द्रप्रस्थ का राजउद्यान विभिन्न प्रकार के फूलों एवं फलों से आच्छादित वृक्षों से भरा हुआ था । उद्यानों में बहती अद्भुत पुष्पों की अनोखी सुगन्ध तथा स्वर्ण के समान चमकने वाले सुन्दर पक्षियों का कलरव एवं भ्रमर की मधुर गुंजाय ध्वनि सहज ही किसी को उस ओर आकर्षित करने को प्र्याप्त थी । पुष्पों पर मधुकर पुष्प रस का पान इस प्रकार करते थे जैसे कोई नन्हा शिशु अपनी माता की छाती से चिपककर शांत भाव से तथा निर्भीक होकर दुग्ध का पान करता है । उद्यान में उड्डयन करती रंग-बिरंगी तितलियों को देखकर ऐसा लगता था मानो आकाश के तारागण रात्रि की प्रतीक्षा न कर सके हों तथा इस उद्यान के मनोहारी सौन्दर्य का आनन्द लूटने दिवस में ही आकाश से पृथ्वी पर उतरकर यहाँ-वहाँ विचरण करने लगे हों । प्रातः काल सूर्य की मन्द किरणे जिस समय उद्यान के सरोवर जल पर पड़तीं तो सरोवर मानो लाल मणियों से भरा हुआ प्रतीत होता । वहीं मध्यान्ह में सूर्य का प्रबल प्रकाश सरोवर को रजत कणों से सराबोर कर देता । ऐसे अतुल्य, वैभवशाली, एवं पूर्ण सौन्दर्य सम्पन्न साम्रज्य का एक झलक पाने के लिये मनुष्य क्या देवता भी लालायित हो उठते ।

एक समय श्रीकृष्ण के वचनों से प्रेरित होकर युधिष्ठिर ने सर्व सिद्धि प्राप्ति हेतु राजसूय यज्ञ का आयोजन किया । यज्ञ का आयोजन विशालतम स्तर पर किया गया जिसमें समस्त राज्यों के राजाओं को ससम्मान आमंत्रित किया गया । नियमानुसार एक आमंत्रण पत्र हस्तिनापुर को भी प्रेषत हुआ । परिणामस्वरूप दुर्योधन एवं उसका मामा गांधार नरेश

शकुनी यज्ञ में सम्मिलित होने हेतु इन्द्रप्रस्थ में प्रकट हुये । इन्द्रप्रस्थ के विचित्र सौन्दर्य को देखकर उनके नेत्र चैंधियाने लगे तथा चित्त में ईर्ष्या का भाव उमड़ने लगा । यज्ञ के सकुशल सम्पन्न होने के उपरान्त सभी राजा अपने-अपने राज्यों को प्रस्थान कर गये किन्तु दुर्योधन तथा उसका मामा शकुनी विहार के उद्देश्य से ठहरे रहे । युधिष्ठिर ने ससम्मान उनकी इच्छा का स्वागत किया एवं सर्वसाधन सम्पन्न उनके निवास की व्यवस्था की ।

एक दिन दुर्योधन अपने मामा शकुनी समेत प्रासाद में विहार के उद्देश्य से निकला । कुछ आगे बढ़ने पर ऐसा स्थान प्राप्त हुआ जहाँ भूतल पर जल ही जल भरा हुआ था । सुरक्षित बढ़ने के उद्देश्य से वे दोनों अपने-अपने वस्त्रों को उठाकर चलने लगे । किन्तु जल पर एक चरण पड़ते ही वे आश्चर्य से अभिभूत हो गये । वहाँ जल नहीं जल की छाया मात्र थी जो भूतल पर भरे हुये जल के समान प्रतीत होती थी । आश्चर्यविभोर दोनो ने अपने-अपने वस्त्रों को नीचे किया तथा सामान्य गति से आगे बढ़ने लगे । कुछ ही पग आगे बढ़ने पर चलने के प्श्चात वे ऐसे स्थान पर पहुंचे जो जलमुक्त प्रतीत होता था । संशयग्रस्त दुर्योधन ने यह विचार करते हुये अपने एक चरण को आगे बढ़ाया कि "यदि सूखा स्थान जलमग्न प्रतीत हो सकता है तो जलमग्न स्थान भी जलमुक्त प्रतीत हो सकता है । इन विचारो से उद्वेलित उसने उस स्थान का निरीक्षण किया । उसके संदेह का अन्त हुआ तथा उसे वह स्थान सूखा ही प्राप्त हुआ । कुछ ही पग और आगे बढ़ने पर उन्हें पुनः जल से भरा हुआ स्थान प्राप्त हुआ । किसी भी असामान्य घटना के घटित होने से निश्चिंत दोनों किसी मदमस्त गज की भांति आगे

बढ़ने लगे । किन्तु जल में प्रथम चरण पड़ते ही उनके शरीर का संतुलन इस प्रकार भंग हुआ जैसे बांस की दुर्बल छड़ियों से निर्मित एक झोपड़ी वायु के तीव्र प्रवाह से अपना संतुलन खोकर भूमि का चुंबन करने को विवश हो जाती है । उसी समय अपनी सखियों सहित विहार के उद्देश्य से निकली द्रौपदी ने अट्टालिका से दुर्योधन तथा शकुनी की दयनीय दशा को देखकर यह कहकर उसका परिहास किया- '' अंधे का पुत्र अंधा '' । जैसे किसी निहत्थे योद्धा की छाती पर अचानक तथा अनायास ही कई सौ तीरों का आघात होने पर वह झटपटाने के अतिरिक्त कुछ और करने से असमर्थ होता है- ठीक वही दशा दुर्योधन की थी । वह क्रोध से तिलमिला उठा तथा अपने अपमान का प्रतिशोध चुकाने की बात कहकर मामा शकुनी सहित वहाँ से वापस हस्तिनापुर चला गया ।

उस दिन से दुर्योधन अपना प्रतिशोध चुकाने के किसी एक अवसर की प्रतीक्षा करने लगा । शकुनी ने दुर्योधन को बताया कि पांडवों को युद्ध में पराजित करना दुष्कर ही नही अपितु असंभव है । अतः उन्हें शक्ति से नहीं अपितु युक्ति से ही पराजित किया जा सकता है । उसने दुर्योधन को, पांडवों को द्युत क्रीड़ा हंतु हस्तिनापुर आमंत्रित करने का सुझाव दिया । उसने दुर्योधन को प्रलोभन दिया कि द्युत में विजय प्राप्त करके वह मात्र अपने अपमान का प्रतिशोध ही नहीं चुका सकता अपितु इन्द्रप्रस्थ की अथाह एवं अद्भुत सम्पत्ति का स्वामी भी बन सकता है । चूंकि शकुनी द्युत क्रीड़ा का एक कुशल खिलाड़ी था तथा उसके कपटी पांसे सदैव उसी का साथ देते थे । शकुनी से प्रेरित होकर दुर्योधन ने पांडवों को हस्तिनापुर आमंत्रित

किया तथा एक द्युत सभा का आयोजन किया जिसका
वर्णन प्रस्तुत काव्य में किया गया है ।

3. हस्तिनापुर

दुर्योधन की राज्यसभा में कुछ विशिष्ट आयोजित है,
ज्ञात नही यह अनायास ही अथवा पूर्व नियोजित है ।
सभागार उद्वेलित है कुछ चिर महान विद्वानों से,
अस्त्र-शस्त्र धारी योद्धाओं महाबली बलवानों से ।।1।।

मुख्य सभासन पर विराज्य हैं नेत्रहीन भूपति नरपाल,
निःसहाय हैं पुत्र मोह वश प्रिय दुर्योधन जिनका लाल ।
सभागार के एक बिन्दु पर आसन करते शोभामान,
परमप्रतापी गंगासुत श्री भीष्म पितामह विराजमान ।।2।।

एक छोर पर युद्धगुरु श्री द्रोणाचार्य पधारे हैं,
परम धनुर्धर युद्धनिपुण रिपुदल भी जिनसे हारे हैं।
नीतिनिपुण श्री कृपाचार्य जी का आसन है अपराजित,
सभागार का कोण-कोण प्रति वीरों से है आच्छादित।।3।।

इसी सभा की एक पंक्ति में विदुरनीति उपशोभित है ,
जिनके बोध प्रकाश पुंज से आर्यवर्त आलोकित है।
महासभा में विदुरराज सम नीतिशास्त्र का ज्ञानी कौन,
अर्जुन जैसा वीर धनुर्धर अंगराज सम दानी कौन।।4।।

ऐसी अगणित कुल विभूतियां कुरु वंश का अंग हुईं,
कुछ तो नीति विचारक हैं पर कुछ अनीति के संग हुईं।
यह अद्भुत कुरुवंश भविष के पन्नों पर इतिहास बना,
महाकुंभ वीरत्व ज्ञान का किन्तु काल का ग्रास बना।।5।।

मध्य सभा में चतुष्कोण सा मंचावत एकासन है,
ठीक सामने उसके ही जो राजा का सिंहासन है।
इस मंचावत आसन पर कुछ चिर परिचित ही बैठे हैं,
किसी खेल के हेतु निरंतर तत्पर दो दल जैसे हैं।।6।।

मंचावत के एक ओर तो पंचप्रभा है हरष रही,
कुछ पिपासु लोभी नेत्रों से तृषावृष्टि है बरष रही।
मध्यस्थिति में ही कुछ ऐसी सामग्री का मेल है,
यूँ लगता है द्यूत क्रीड़ा का गया रचाया खेल है।।7।।

प्रतिक साक्षी का मुखमण्डल भावित है जिज्ञासा से,
चिर परिचित कुछ जूझ रहे हैं आशा और निराशा से।
द्यूत क्रीड़ा का महायुद्ध यह कैसी करवट जायेगा,
अथवा दो भ्रताओं में कोई संग्राम करायेगा।।8।।

कृपण दुर्योधन की लोलुपता लक्ष्य साध कर बैठी है,
कुटिल दृष्टि मातुल शकुनी की द्यूत बांध कर बैठी है।

दिवस पूर्व उसने भांजे से कुछ यूँ वाक्य उचारे थे,
सभी तुम्हारे दास बनेंगे जो भी शत्रु तुम्हारे थे।।9।।

❧ ❧ ❧

आयोजन तो करो प्रीय मैं इसी खेल का स्वामी हूँ,
चिन्तित न हो लेश तुम्हारे हित का ही अनुगामी हूँ।
द्यूत और पांसों में ही तो सारी आयु बितायी है,
तब जाकर मैंने यह सबसे कला विलक्षण पायी है।।10।।

❧ ❧ ❧

द्यूत और पांसों का तुमको ऐसा खेल दिखाऊँगा,
पांच पाण्डव को इन पाँचों छड़ियों पर नचवाऊँगा।
ध्यान रहे पर प्रीय भांजे केवल लक्ष्य तुम्हारा है,
मान द्रौपदी के मर्दन का जिसमें मान तुम्हारा है।।11।।

❧ ❧ ❧

भूल गये जब इन्द्रप्रस्थ में मति अपनी चकरायी थी,
तब इस गर्वित मूढ़ नारि ने कितनी हँसी उड़ायी थी।
उस विनोद का इस समाज में अति प्रतिशोध निकालेंगे,
इस समेत पाँचों पतियों को अपना दास बना लेंगे।।12।।

❧ ❧ ❧

हाँ मामा ये वचन तुम्हारे सदा याद मैं रखूंगा,
कर परास्त उन पाँचों को मैं स्वाद जीत का चखूंगा।
तब उस अति वाचाल त्रीय की वह दुर्गती बनाऊँगा,
सब देखेंगे मूक दृष्टि से ऐसा खेल रचाऊँगा।।13।।

❧ ❧ ❧

सिद्ध शंकर मिश्र

4. चौसर का प्रारंभ

द्यूत हुआ प्रारंभ संग पाँसों का नृत्यारंभ हुआ,
चैसर को आधार बना एक महायुद्ध प्रारंभ हुआ।
एक ओर हैं ज्येष्ठ प्रमुख विपदल पर मामा शकुनी हैं,
द्यूत युद्ध पर कपट जाल की कला बिछाये अपनी हैं।।14।।

❧❧❧

कुछ चालें तो मन प्रमोद के हेतु चलायी जाती हैं,
कुछ जीतें उस पाली में कुछ इस पाली में आती हैं
कुछ क्षण तो बस इसी भाँति का होता मनोविनोद रहा,
कुछ हास्य व्यंग्य के तीरों से होता किंचिद प्रतिरोध
रहा।।15।।

❧❧❧

कुछ समय गया ये ही करते दुर्योधन से तो गया न रहा,
बोला इन लघुतम चालों में इस क्रीड़ा का आनन्द कहाँ
कुछ दीर्घ दांव फेंको भ्राता हल्का रोमांच बढ़ाओ तो,
इस द्यूत समर के स्थल में खुलकर समक्ष भी आओ
तो।।16।।

❧❧❧

अब द्यूतसमर के स्थल में कुछ घातक शस्त्र उठाये गये,
दुर्योधन की इच्छानुसार कुछ लम्बे दाँव लगाये गये।
शकुनी के कपटी पाँसों ने आशित प्रभाव दिखलाया अब

परिणाम चाहता था जो वह बस समय उसी का आया
अब।।17।।

❧❧❧

अनभिज्ञ पाण्डव इस छल से वे इसी जाल में फँसते गये,
न खोल सके अपने बन्धन पर धीरे-धीरे कसते गये।
धन वैभव जो भी था अब तक सब दांवों पर ही लगा डाला,
वापस पाने की आशा में अपना सर्वस्व गँवा डाला।।18।।

❧❧❧

स्वर्गतुल्य जिस इन्द्रप्रस्थ का अत्यद्भुत प्रासाद बना,
धनकुबेर सम कोष जहाँ का स्वर्ण रजत से सदा घना।
चतुरंगिनी सैन्य शक्ति घोड़े हाथी रथ व पैदल,
सब जीत लिया दुर्योधन ने ठंडाया उसका अंतस्थल।।19।।

❧❧❧

सब खिन्नमुखी अति विस्मित थे कुंती के पाँचो प्रीय लाल,
क्योकर ऐसा हो सकता है निश्चित है कोई महाजाल।
अब पश्चाताप करें भी तो क्या गया हुआ आ जायेगा,
खग छूट गया जब पिंजर से तो क्या वापस आ
जायेगा।।20।।

❧❧❧

तब दुर्योधन की जिह्वा ने कुछ ऐसे पीडित वचन कहे,
जो असहनीय अति दुखदायी निर्जीवन से जायें न सहे।
अपना तो सब कुछ खो बैठे क्या वापस लेकर जाओगे,
कैसे अपने उन प्रजाजनों को अपना मुख दिखलाओगे।।21।।

तुम मार्ग भटकते भिक्षुक हो तुममें और मुझमें क्या समता,
मैं इन्द्रप्रस्थ का स्वामी हूँ तुम राजा से हो गये प्रजा।
मैं द्युत समर का विजयी हूँ तुम एक पराजित योधा हो,
तुम मम समक्ष न किंचिद हो बस मेरे चरण की शोभा
हो।।22।।

तुम मार्ग भटकते भिक्षुक हो तुममें और मुझमें क्या समता,

मैं हूँ तथापि लघुभ्राता ही व तुम मेरे हो ज्येष्ठ भ्रातृ
अतएव मेरे अंतर्मन में अब भी आदर के एक पात्र।
मैं जीत गया तुम हार गये यह प्रश्न नही सकुचाने का
एक अन्तिम अवसर देता हूँ वह गयी संपदा पाने का।।23।।

जो कुछ भी मैने जीता है वह सब कुछ दांव लगाऊँगा,
इस एक दांव के बदले में सर्वस्व तुम्हें लौटाऊँगा।
पासों ने साथ दिया यदि तो तुम द्युत विजयी कहलाओगे।
पर याद रखो इस खेल हेतु भाई को दांव लगाओगे।।24।।

कर लो विचार यह भली भाँति निर्णायक खेल तुम्हारा है,
यदि जीत गये तो जय अथवा पहले ही सब कुछ हारा है ।
यूँ मौन साध कर बैठोगे तो हाथ नहीं कुछ आयेगा
जो कुछ पाने की आशा है वह भी हाथों से जायेगा।।25।।

5. दुविधा

जलमग्न सिंधु से कोई मीन ज्यो गयी धरा पर फेकी हो
ज्यो शुक वियोग में एक शुकिनी पिंजर में बंधित बैठी हो।
ज्यो शिथिल विहग उड़ते-उड़ते गृह पुनः लौट कर आता है
जब दीर्घ जलधि में कोसों तक वह कोई मार्ग न पाता
है।।26।।

ज्यो कुंभ खोजता काग कोई जो नीर पिपासा पीड़ित हो,
ज्यो मणि खोया भुजंग हो एक जो इसी आस में जीवित
हो।
ज्यों फणीदन्त के चुंगल में मंडूक कोई फँस जाता है,
सर्वत्र प्रयत्न लगाये पर असहाय स्वयं को पाता है।।27।।

यह कहें द्युत का कुटिल खेल या कहें समय का चक्रवात,
जो कई दासों का स्वामी था होने वाला है स्वयं दास।
न मार्ग कोई भी सूझ रहा प्रति नैतिक बुद्धि लगा डाली
अन्ततः' धर्म ने विवश बुद्धि से अन्तिम बाजी चल
डाली।।28।।

जब हुई घोषणा प्रीय अनुज को क्रीड़ा भेंट चढ़ाने की,
स्तब्ध हुआ सारा समाज स्थिति आयी सकुचाने की।

वीरों से सघनित राज्य सभा में नैतिकता का ये मर्दन,
कुछ कह न सका कोई भी पर व्याकुल थे सबके
अंतर्मन।।29।।

यह कैसा घृणित खेल जिसमें मित्रता घटे शत्रुता बढ़े,
अपने ही बालक बन्धु जहाँ इस तुच्छ खेल की भेंट चढ़े
हे विधि तूने यह राजवंश किस नाशमार्ग पर मोड़ दिया,
गंगासुत ने इस अंतर्द्वन्द में अपना आसन तोड़ दिया।।30।।
प्रायः ऐसी घटनाओं में स्तोक लाभ ही होता है,
जब समय विपक्ष चला जाये तो भाग्य साथ न देता है।
अग्रिम क्षण क्या हो जायेगा सब यही सोच रह जाते थे,
गहरे विचार जल सागर में भावों के गोते खाते थे।।31।।

अब पुनः वही उन्मादय खेल था पाण्डुवंश का कृष्णकाल,
मर्यादा के बन्धन तोड़े कपटी पाँसों का महाजाल।
निज हृदय बिन्दु पर हाथ धरा यूधिष्ठिर ने यह कही बात,
बोले मामा पाँसे फेंको होगा वो ही जो विधि हाथ।।32।।

यह सहज सहिष्णु उदार भाव शालीन तथा निर्मल स्वभाव,
सहदेव परम आज्ञाकारी पूजित है उसका भ्रातृभाव।
निज भ्राता के सम्मान हेतु न लेशमात्र प्रतिकार किया,
एक आशा में बलि चढ़ने को हँसकर उसने स्वीकार
किया।।33।।

ज्यों ही शकुनी ने यत्न किया क्रीड़ा को और बढ़ाने का,
तब भीष्म पितामह रह न सके और भावकुम्भ फूटा उनका।
एक आकस्मिक ध्वनि गूँज उठी प्रासाद हुआ गुंजायमान,
ठहरो! कह जब वे खड़े हुये एक स्थिर सुदृढ़ तरु समान।।34।।

आसन से नीचे उतर उनहोने राजा से यह बात कही,
हो रहा यहाँ जो द्युत कर्म सर्वथा आज यह उचित नही।
क्रीड़ा तो ऐसी होती है जो मैत्री भाव बढ़ाती है,
जो रिक्त समय को मन विनोद का साधन एक बनाती है।।35।।

आसन से नीचे उतर उनहोने राजा से यह बात कही,
तो कैसा कुटिल खेल है यह कैसी यह अद्भुत क्रीड़ा है,
मर्यादा का न मोल जहाँ वह मानवता की पीड़ा है।
मत बोओ बीज शत्रुपन के यह खेल यहीं सम्पन्न करो,
लौटा इनका सर्वस्व इन्हें इतिहास नया उत्पन्न करो।।36।।

अन्यथा हस्तिनापुर महान का सर्वनाश तो निश्चित है,
यह भीष्म गुरु भावी विनाश के इसी क्लेश से पीड़ित है।
महाराज कहो दुर्योधन से कटुता का खेल समाप्त करे,
भाई को जो अपशब्द कहे यह उनका पश्चाताप करे।।37।।

हे प्रीय दुर्योधन लाल मेरे हठ छोड़ मेरे मन की मानों,
तो बात पितामह कहते हैं उसको विधि लेखा ही जानों।
इन धर्मविरुद्ध कुकर्मों से जाती का क्षय हो जायेगा,
यह नेत्रहीन इस संकट से कैसे यह राज्य बचायेगा।।38।।

जो भुजबबलशाली हाते हैं भय नहीं भाग्य से खाते हैं,
अपनी बाहों के बल से ही वे जीत भाग्य को लाते हैं।
सर्वस्व द्युत में जीता है यह नही दान में पाया है,
भ्राताओं की इच्छा से ही यह आयोजन करवाया है।।39।।

इस द्युत में मेरी विजय हुई इसका सबको संताप हुआ,
दुर्योधन ने यह जीता है यह महाभयंकर पाप हुआ।
अब विजय हाथ में आयी है तो व्यर्थ मुझे बिलगाओ मत,
यह क्रीड़ा है क्रीड़ा नियमों के अन्य पक्ष में जाओ मत।।40।।

शकुनी ने अपने पाँसों को समतल का मार्ग दिखाया और-
एक अट्टहास के सदृश वहाँ दुर्योधन का स्वर आया और-
अग्रिम क्षण ही कुन्तीसुत को यह दुखदायी आभास हुआ,
जो मेरे हृदय का टुकड़ा था वह दुर्योधन का दास हुआ।।41।।

अपना दुर्भाग्य कहूँ इसको या दुर्योधन का भाग्य कहूँ,
या कहूँ विधि का लेख इसे या कोई कपट अज्ञात कहूँ।
कहने सुनने को अब परन्तु कुछ और कहाँ रह जाता है,

हम चार वहाँ कैसे जायें जो हम पाँचों की माता है।।42।।

✿✿✿

इससे अच्छा होगा यदि मैं और अन्तिम एक प्रयास करूँ,
चारो समेत मैं स्वयं इसी दासत्व भाव में वास करूँ ।
इस अधम खेल के अन्तर्गत सब कुछ तो मैंने गँवा दिया,
अपने प्रियतम भ्राता को भी स्वामी से सेवक बना
दिया।।43।।

✿✿✿

खोने को कुछ भी बचा नहीं सब कुछ ही तो खो डाला है,
अब शेष बची तीनों समेत घनश्याम नाम की माला है।
घनश्याम नाम को लेकर ही कुछ आगे चरण बढ़ाऊँगा।
प्रिय अनुज गया है जिस प्रकार हम सबको दांव
लगाऊँगा।।44।।

✿✿✿

या तो सब वापस आयेगा या अपना तन भी हारेंगे,
भावी भविष्य को कहने का न अवसर कोई बिसारेंगे।
कर यह विचार दृढ़ निष्ठा से कुन्तीसुत ने दुर्योधन से,
आरंभ करो फिर खेल कहा चिन्तित व्याकुल अधीर मन
से।।45।।

✿✿✿

6. कठोर निर्णय

देखो द्युत क्रीड़ा का प्रतिफल द्युत के इन पाँसों की माया,
यह कृष्णकाल उस कृष्णकाल में नहीं सहायक हो पाया।
धीरे-धीरे चारो भ्राता एक ही श्रेणी में आ बैठे ।
अन्ततः धर्म भी पराजितों की उसी पंक्ति में जा बैठे।।46।।

❧❧❧

जिन सिंहो ने न पूर्व कभी अतिसूक्ष्म हार का मुह देखा,
पर आज परिस्थिति ऐसी है ज्यों छिन-विछिन्न कोई रेखा।
जिसके धनु की टंकार स्वयं थी परिचय चिन्ह उपस्थिति
का,
वह वीर धनुर्धर कौन्तेय है बन्धक आज परिस्थिति
का।।47।।

❧❧❧

वह श्रेष्ठ गदाधर भीमसेन धर दस सहस्र नागों का बल,
यूँ शीष झुकाये बैठा है ज्यों विलगित पुष्प हुआ निर्बल।
जो पूर्व वृक्ष की डाली सँग खिलता था और लहरता था,
स्वातंत्र्य भाव से वनस्थली में जो चाहे सो करता था।।48।।

❧❧❧

वे पंच सभा में बैठे हैं अपना-अपना वैशेष्य लिये,
द्युत सर्वनाश का कारण है यह जगव्यापी संदेश लिये।
संसार सुनो यह द्युत कर्म विध्वंस करे अपना जीवन,

यह मूक ध्वनि चीत्कार रहे है उन सबही के अन्तर्मन।।49।।

❧ ❧ ❧

इतने में फिर दुर्योधन ने उन पाँचों का परिहास किया,
उनका सम्मान गिराने का उसने यह घृणित प्रयास किया।
तुम राजा तो अतिउत्तम थे उससे भी उत्तम सेवक हो,
परिवर्तन इक अटल नियम है इसके साक्ष्य तुम्ही एक
हो।।50।।

❧ ❧ ❧

इन राजसीय वस्त्रों का मत अनुचित ही मान घटाओ अब,
निज तन से करके विलग इन्हें दासत्व भाव में आओ अब।
आकस्मिक ऐसी स्थिति में संताप कदाचित होता है,
पर विश्व एक मायाघर है कोई हँसता है कोई रोता है।।51।।

❧ ❧ ❧

एक अवसर अब भी है भ्राता यदि इस पर पूर्ण विचार करो,
वह सुखद समय आ सकता है एक दाँव और स्वीकार करो।
एक अंतिम अवसर मिल सकता है तुमको भाग्य परखने का
सम्पूर्ण पराजित क्रीड़ा में अपनी मर्यादा रखने का।।52।।

❧ ❧ ❧

मेरा अद्भुत प्रासाद और वह इन्द्रप्रस्थ का धन वैभव,
नंदन कानन सा वन जिसमें हैं स्वर्ण विहग करते कलरव।
माणिक मोती से सजा हुआ व रत्न जड़ित वह सिंहासन,
सब कुछ तो तुमने जीत लिया मुझ सँग चारों अनमोल
रतन।।53।।

यद्यपि सम्पत्ति तुम्हारी अब मेरी निधि में आरक्षित है,
फिर भी एक ऐसा मोती है जो अब तक पूर्ण सुरक्षित है।
अब तो वह रत्न बचा है जो इन सब रत्नों पर भारी है,
स्मरण करो वह पांचालि जो तुम पाँचो की नारी है।।54।।

यह सुनकर सब स्तब्ध हुये सबके मुखमण्डल मुरझाये,
पर भीमसेन अपने भीतर के ज्वल को नही रोक पाये।
हे नीच दुराचारी मानव प्रस्ताव घृणित यह कैसा है,
क्या तेरी दृष्टि में नारी का सम्मान रत्न के जैसा है।।55।।

अपनी जिह्ना को अंकुश दे तू दास, नही संग्रामी है,
सम्भवतः तू यह भूल गया दुर्योधन तेरा स्वामी है।
यदि अधिक समय तक विकट क्रोध में नभ दामिनि सा
कड़केगा,
तो तेरा शीष धड़ के वियोग में इसी धरा पर तड़पेगा।।56।।

बोलो-बोलो हे धर्मराज अब व्यर्थ समय न करो नष्ट,
निज दन्त पटल करके चालित निर्णय लेने का करो कष्ट।
अपनी सम्पदा सहित अपने चारों भाई यदि पाना है
तो निश्चित है इस प्राप्ति हेतु द्रौपदि को दाँव लगाना
है।।57।।

प्रतिवाद अनेक उठे परन्तु दुर्योधन ने न एक सुनी,
अपने हठ के आगे उसने अन्यो की एक न चलने दी।
लिप्सा तो उसके भीतर थी पाँचालि को ही पाने की,
उसका सम्मान हनन करके अपना प्रतिशोध चुकाने
की।।58।।

वैवश्य दिखाऊँ मैं किसको अथवा किसका आह्नान करूँ,
इस विपत्काल के सहायतार्थ किस परमशक्ति का ध्यान
करूँ।
हे प्रीय मेरे इस कर्म हेतु दे देना मुझको उचित क्षाम्य,
स्थितियों के व्युह में उलझा निर्णय लेता हूँ
असामान्य।।59।।

अतिव्यग्र दुर्योधन शकुनी से बोला अब न अवसर चूको,
जिस हेतु खेल की रचना की तत्क्षण उसका प्रतिफल लूटो।
फिर अंतिम एक प्रहार हुआ जो बना एक भीषण आघात,
दृश के समक्ष घन अंधकार सहसा होता ज्यों वज्रपात।।60।।

तत्काल विजयी दुर्योधन ने प्रतिकामी को आदेश दिया,
नव मनोनीत उस दासी को दुर्योधन ने है याद किया।
तत्समय उसे आदेश करो इस राज्यसभा में प्रस्तुत हो,
व राजकार्य सेवार्थ यहा वह त्रिय अविलम्ब उपस्थित
हो।।61।।

इस एक सुअवसर हेतु व्यर्थ में कितना समय बिताया है,
तब एक ऊँट एक अतिविशाल पर्वत के नीचे आया है।
जिसने मेरा अपमान किया था अपनी सखियों के सम्मुख,
उसका सम्मान उतारूंगा मंत्रियों अतिथियों के के
सम्मुख।।62।।

7. क्रूरता के पार

स्तोक समय वयतीत हुआ सैनिक लौटा उत्तर लेकर,
कुलवधू सभा में निरुद्देश्य ऐसा हो सकता है क्योंकर ।
दुर्योधन संग क्या राज्यसभा के अन्य व्यक्ति भी भूल गये,
कैसे आमंत्रित होती है कुलवधू किसी सभ्योजन में ।। 63
।।

❧❧❧❧

ज्यों किया किसी ने पुष्ट दण्ड से विषफण पर घनघोर
प्रहार,
त्यो अग्नि वमन करते उसने ऐसे अपशब्द कहे दो चार ।
वह निर्बल दुर्बल तुच्छ नारि जो नहीं अधिक भिक्षुणियों से,
समतुल्य बताती है निज को इस राजवंश की वधुओं से ।।
64।।

❧❧❧❧

उस मूढ़मति का यह साहस मेरे मत का प्रतिकार करे,
उसके पतियों को जीत लिया जिसने उसका तृष्कार करे ।
अब देख तुझे आमंत्रण का कैसा संदेश भेजता हूँ,
इस दुःसाहस का दण्ड तुझे किस अजब ढंग से देता हूँ ।।
65 ।।

❧❧❧❧

हे प्रीय दुःशासन तुम जाकर अविलम्ब उसे लेकर आओ,

यदि किंचित भी प्रतिकार करे तो बल से उसे खींच लाओ ।
केश पकड़ इस भाँति खींचना ज्यों देता हूँ मैं निष्कर्ष,
अद्र्ध भाग उसके शरीर का करता चले भूमि स्पर्श ।। 66।।

❧ ❧ ❧

उस सभागार का मुख्य द्वार जिस समय दुःशासन ने छोड़ा,
नैराष्यपूर्ण श्मशान मौन कुछ समय हेतु छाया थोड़ा ।
उस सभागार के अम्बर में प्रश्नो के मेघ लगे छाने,
अदृश्य प्रश्न पूर्णत्व खोजते लगे वहीं पर मंडराने ।। 67 ।।

❧ ❧ ❧

तत्क्षण ही वह मौन तोड़ता नीति नियम का एक मर्मज्ञ ।
बोला यह इस राजवंश का है कैसा अदभुत दुर्भाग्य ।।
कहते ही उसके नेत्रों में पीड़ा के अश्रु छलक आये ।
दो चार शब्द कहते ही उसके मंद अधर भी थक आये ।।
68 ।।

❧ ❧ ❧

साहस कर अपनी जिव्हा को उसने कुछ गति दे पायी ।
मंद गति से ही परन्तु उसकी पीड़ा सम्मुख आयी ।।
जिस राजवंश में सदा त्रियाँ हैं रही दृश्य माता समान।
वहाँ आज निज राजवधू का ऐसा घृणित घोर अपमान ।।
69।।

❧ ❧ ❧

इतने में अंगराज बोला इसमें है तथ्य उजागर क्या ।
कई पुरुषों में एक नारि का आदर और निरादर क्या ।।

कई पुरुषों के साथ भोग का जो आनंद उठाती है ।
निश्चित है वह इस समाज में वेश्या ही कहलाती है ।। 70
।।

जिव्हा के धनु से हिय भेदी अपशब्दो के ये असह बाण ।
इस तरह चुभे अन्तस्थल को ज्यों भेद रही लाखों कृपाण ।।
जल उठा हृदय पर क्या करते ज्वल उसी हृदय में भरा ही
रहा।
और गदा भीम की अर्जुन का गाण्डीव धरा पे धरा ही रहा
।। 71 ।।

तदनन्तर आयोजन में एक ऐसा दृश्योद्घाट्य हुआ ।
निन्दा लज्जा वैमानुषता ने भी निज सर को झुका लिया ।।
एक पुष्ट पुरुष एक निबल नारि के केश पकड़कर खींच रहा।
पीड़ा की चीत्कारों से है सभागार वह गूँज रहा ।। 72 ।।

लाकर उसने पाँचाली को दुर्योधन के सम्मुख पटका ।
कुछ ये विचार करते-करते जिसने निज मस्तक को झटका
।।
इन्द्रप्रस्थ के महापमान का बदला यहाँ चुकाऊँगा ।
आज तुझे ओ कुल्टा नारी जंघा पर बैठाऊँगा ।। 73 ।।

आते ही पाँचाली ने जब दृष्टि घुमायी चारों ओर ।

उससे अपनी दृष्टि मिलाकर बोल सका न कोई और ।।
बस सिवाय एक युवकुमार के जो विकर्ण कहलाता है ।
लघु भ्राता दुर्योधन का पर सदाचरण का ज्ञाता है ।। 74 ।।

यह अनीति है दुराचार है नैतिकता का हरता मान ।
भ्राताश्री यह दुष्ट कर्म है स्त्री का ऐसा अपमान ।।
हे सभासदों ! हे वयोवृद्ध ! हे आचार्यो ! हे राजाओं ! ।
एक निबल नारि के मान हेतु कोई तो सम्मुख आओ ।। 75
।।

चुप हो जा रे कुलद्रोही तू किससे बैर निभाता है ।
क्या तेरी मति यह भूल गयी दुर्योधन तेरा भ्राता है ।।
किसका सम्मान बचाने को तूने इस समय पुकारा है ।
जिसका पति अपने आप सहित इसको भी मुझसे हारा है ।।
76 ।।

उसका प्रलाप तो बन्द हुआ पाँचाली ने प्रारंभ किया ।
प्रति -प्रति के सम्मुख जा-जाकर उसने कहना आरंभ किया
।।
भीष्म द्रोण पाँचो पति एवम् सभ्य सभा का प्रति मानस ।
कोई भी पर जोड़ सका न दृष्टि मिलाने का साहस ।। 77
।।

उन झुके हुये शीशों से उसने ऐसा प्रश्न किया उद्घाट्य ।
जिसका उत्तर सम्भव न था यद्यपि था वह प्रश्न अकाट्य
।।
किसी द्युत में उसने पूछा जो अपने को बैठा हार
अगला दाँव लगाने का फिर किसने दिया उसे अधिकार ।।
78 ।।

❧❧❧

अपने अडिग प्रश्न के बदले उसे मौन ही प्राप्त हुआ ।
अपना पक्ष नहीं होने का उसे घोर संताप हुआ ।।
समझ गयी मै इन वीरों में ऐसा कोई वीर नहीं ।
जिसके तीरों में शक्ति हो अब ऐसा तूणीर नहीं ।। 79 ।।

❧❧❧

उसी समय दुर्योधन ने दुःशासन को यह ज्ञान दिया ।
उसका चीर हरण कर लो जिसने मेरा अपमान किया ।।
तत्क्षण ही वह लपका उस पर ज्यों कोई क्षुधार्त मृगराय ।
किसी हरिण की दुर्बल त्रिय पर यहाँ-वहाँ होकर असहाय ।।
80 ।।

❧❧❧

प्रतिरक्षा का मार्ग खोजने लगी महल के चारों ओर ।
हा ! परन्तु उसके बचने का वहाँ रहा न कोई ठौर ।।
हिंसक सचान जैसे कोई खगिनी मित्र पीछा करता है ।
वह व्यथित विकल हो रोती है वह अट्टहास कर हँसता है
।।81।।

❧❧❧

अनायास ही उसके मन में यह विचार आया तब ।
नही आसरा और किसी का हो तुम ही माधव अब ।।
सभी मार्ग अवरुद्ध हो गये अब मेरे जीवन के ।
लगी सुमिरने तब माधव को और याचना करने ।। 82 ।।

❦ ❦ ❦

सजल नेत्रों से वह अपनी पीड़ा लगी प्रकट करने ।
कम्पित होठो से मोहन का बारम्बार मनन करने ।।
अब अपना सम्मान तुम्हारे हाथों में रखती हूँ ।
जिन पर नेह सूत्र बांधा था याद उन्हें करती हूँ ।। 83 ।।

❦ ❦ ❦

क्या तुम तक है पहुँच रही यह करुण वेदना मेरी ।
किंकर्तव्यविमूढ़ हो गयी आज चेतना मेरी ।।
दुष्टों के व्यूह में अपने को एकाकी पाती हूँ ।
ऐसी जटिल परिस्थिति में रह-रह कर रह जाती हूँ ।। 84
।।

❦ ❦ ❦

आज नही देखा यदि तुमने अपनी इस भगिनी को ।
तो संसार तुम्हे कोसेगा व तेरी कथनी को ।।
धर्माधर्म समर में प्रतिफल धर्म विजित होता है ।
यह कुकृत्य पर सिद्ध करेगा धर्म बहुत छोटा है ।। 85 ।।

❦ ❦ ❦

यह विचार कर देखा उसने बढ़ते दुःशासन को ।

ठहर जाओ ऐ अत्याचारी रोको अपने तन को ।।
पतिव्रता के सतबल से न लड़ने का साहस कर ।
तेरा दण्ड सभी भोगे मत ऐसा दुःसाहस कर ।। 86 ।।

व्यर्थ तेरा प्रतिवाद बन्द कर रोष दिखाना मुझ पर ।
भूल विधाता की ऐ नारी तू अपनी चिन्ता कर ।।
आज तेरी रक्षार्थ यहाँ न कोई आने वाला है ।
तुझे दुःशासन के हाथों से कौन बचाने वाला है ।। 87 ।।

दुर्योधन व उसके साथी लगे उसे फिर उकसाने ।
निन्दनीय दुष्कृत्य हेतु उसका उत्साह बढ़ाने ।।
कर इसको निर्वस्त्र मेरे आलिंगन में लेकर आओ ।
हास दुर्योधन का करने का अर्थ इसे अब समझाओ ।। 88
।।

8. घृणित प्रयास

पौरुषता को घोर कलंकित करता यह निर्मम दुष्कृत्य ।
जननी का सम्मान नोचता सभ्य मानवों का दुर्वृत्य ।।
सभ्य सभा के इन सभ्यों से तो दानव ही अच्छे हैं ।
भरी सभा में कुलवधुओं को नहीं नग्न वे करते हैं ।। 89 ।।

हे ईश्वर ! यह कृत्य भविष में फिर दोहराया जाये न ।
शक्तिमान हे परमेश्वर ! यह समय दोबारा आये न ।।
कौन यहाँ किसकी करनी का भोग रहा प्रतिफल है ।
''मिश्र'' सुनो यह प्रीय पाठकों द्युत कर्म का फल है ।। 90 ।।

यह वह क्रीड़ा है जो सब सुख शान्ति चैन हर लेती है ।
नन्हें चेहरों को मुस्कानों से वंचित कर देती है ।।
माताओं के हिय के टुकड़े माता से ही बिछड़ जाते ।
दुष्क्रीड़ा में सुहागिनों के स्वर्णिम स्वप्न उजड़ जाते ।। 91 ।।

द्युतकर्मी धन और सम्पदा हाथ सभी से धोता है ।
पात्र हँसी का होकर अपना स्वाभिमान भी खोता है ।।
हेय दृष्टि से इस समाज में वह देखा जाता है ।

शीश उठाना आजीवन अतिदुष्कर हो जाता है ।। 92 ।।

यही हुआ है राज्यसभा में पाँच शौर्यशाली बलवान ।
शीश झुकाये देख रहे हैं अपनी पत्नी का अपमान ।।
अन्य महार्थी विकल भाव से प्रकटित कर अपना वैवश्य ।
हा! विधि ! मुझको मृत्यु मिले इससे पहले देखूँ यह दृश्य
।। 93 ।।

झंझावात मानसिक व उत्पीड़न से उत्पीड़ित मन ।
असह दृश्य के विस्फोटन से क्षीण हुये जन-जन के तन ।।
कर्म एक ने किया किन्तु सबही के नेत्र सजल हैं ।
"मिश्र" सुनो यह प्रीय पाठको द्युत कर्म का फल है ।। 94
।।

9. अबला की पुकार

अम्बर का एक छोर पकड़ जैसे वह लगा खींचने ।
सभासदों के सजल नेत्र अपने को लगे मीचने ।।
प्रोत्साहन में दुर्योधन भी तत्क्षण लगा चीखने ।
खींच दुःशासन खींच नारि की पीड़ा लगी दीखने ।। 95 ।।

❧❧❧❧

विज्ञ स्वये को असमर्थित सम्पूर्ण यत्न से अपने ।
दोनों हाथ जोड़ खम् प्रति को लगी कृष्ण को जपने ।।
हे मनमोहन मुरली वाले अब न देर लगाओ ।
सम्भवतः लुट चुकी एक अबला की लाज बचाओ ।। 96 ।।

❧❧❧❧

हे मधुसूदन नंदलाल हे यशुदानंद दुलारे ।
हे मुरलीधर वार्ष्णेय ब्रज की आँखों के तारे ।।
हे ब्रजभुषण जगतविभूषण नटवर नंदकिशोर ।
हे गोविन्दा हे गोपाला नटखट माखन चोर ।। 97 ।।

❧❧❧❧

हे दामोदर चक्र पद्मधर गोपीवल्लभ स्वामी ।
वासुदेव हे कृष्णचन्द्र हे श्रीधर अन्तर्यामी ।।
गोपेश्वर हे जगदीश्वर वृन्दावनलाल बिहारी ।
गिरधर नागर केशव माधव श्रीदयाल बनवारी ।। 98 ।।

❧❧❧❧

हे जनार्दन बंशीवाले कान्हा दीनदयाल ।
नागनथैया रासरचैया श्याम त्रिभंगीलाल ।।
दीनबंधु संकटहारी सुरदेव द्वारिकाधीश ।
जनवल्लभ घनश्याम रमापति जय-जय हे जगदीश ।। 99
।।

कमलनयन गोप्रिय सुरेश हे पद्मनाभ भयहारी ।
राधेश्याम सदासुखकारी हे गोवर्धनधारी ।।
भगतवसल कमलापति श्रीहरि जय सर्वस्व सुजान ।
जय सुखसागर जय ब्रजनागर जय जय कृपानिधान ।। 100
।।

परमानन्दम गोपीचन्दम श्रीश देवकीनन्दन ।
ओंकार नारायण स्वामी शेषशायिने वन्दन ।।
दयासिंधु हे चक्रपाणि हे विश्वाधार निरंजन ।
राधा रमण संत अनुरागी सदा सर्व दुःख भंजन ।। 101 ।।

हे ब्रजेश हे ऋषीकेश भवभंजन घट-घट वासी ।
हे करुणानिधि कुंज बिहारी हे श्रीपति अविनाशी ।।
हे कृपाल अब कृपा करो संकट से मुझे उबारो ।
ब्रजकिशोर हे मदनमुरारी भवसागर से तारो ।। 102 ।।

10. पांचाली प्रतिज्ञा

जिसकी मति के विपरीत कभी भी किसलय भी न डोल सका
।
जिसका अस्तित्व नहीं यदि तो अस्तित्व नही इस जीवन
का ।।
जड़ चेतन और अचेतन में जो बसा हुआ है कण-कण में ।
वायु में पर्वत अम्बर में पृथ्वी में और प्रतिक क्षण में ।।
103 ।।

उस परम पिता के रहते भी ऐसा अनर्थ यदि हो जाये ।
तो मानवता का ईश्वर से विश्वास सदा ही खो जाये ।।
पर उस बल में सच्चे मन से विश्वास सदा जो रखता है ।
वह ब्रजनन्दन ब्रजपाल सदा सम्मान उसी का रखता है ।।
104 ।।

शान्त भाव से पाँचाली जब लगी कृष्ण का सुमिरन करने ।
इस चीरहरण के कुक्रम में उसका संताप हरण करने ।।
एक अदृश शक्ति के सदृश वहाँ मुरलीधर का प्राकट्य हुआ
।
जनमानस को चम्भित करने वाला घटनाक्रम घट्य हुआ ।।
105 ।।

जितना आधिक्य लगाता है वह पट को और खीचने का ।
उतना ही बढ़ता जाता है वह कृष्ण कृपित अम्बर उसका ।।
अचरज विभोर हो रहे सभी यह अनायास अद्भुत सुदृश्य ।
दुर्योधन अति उन्मादित है होता अपूर्ण निज जान लक्ष्य ।।
106 ।।

❧❧❧

नारी पर अम्बर लिपटा है अथवा अम्बर ही नारी है ।
परे बुद्धि की सीमा से यह प्रश्न बड़ा ही भारी है ।।
एक दीर्घ पट्टिका उस पट की कई मन वस्त्रों के ढेर समान ।
एकत्रित होने लगी वेग से करने मनो गिरि निर्माण ।। 107 ।।

❧❧❧

ऊर्जावान महामानव क्षण में ही ऊर्जाक्षीण हुआ ।
चीर हरण तो कर न सका अपने चरित्र से हीन हुआ ।।
थक कर चूर हुआ वसुधा पर कटा वृक्ष ज्यों गिरता है ।
जीवन की आशा खोकर जीवन की आशा करता है ।। 108 ।।

❧❧❧

वह मूर्छा खाकर गिरा तथा शंह चमत्कार सम्पन्न हुआ ।
दुर्दान्त लोग तो दुःखी हुये पर न्यायिक वर्ग प्रसन्न हुआ ।।
संतोषपूर्ण निःश्वास तथा नेत्रों को करके उन्मीलित ।

कुछ सुख का अनुभव करती हुई जो थी अब तक दुःख से
पीड़ित ।।109 ।।

❦❦❦

संताप नहीं मुझको किंचित संकोच तनिक भी करना क्या?
।
इन लज्जाहीन किन्नरों में आश्रय की आशा करना क्या? ।।
स्यारों के दल में फँसे हुये शशकों का आग्रह निराधार ।
है उसी तरह ज्यों मूषों को निर्दयी व निर्मम मारजार ।।
110 ।।

❦❦❦

हिंसक पशु का गुण ही होता है दयाहीन हिंसा करना ।
इसलिये जनों कर निराधार है पशुओं से आशा करना ।।
मैंने भी यह अपराध किया भिक्षुक से धन की आशा की ।
निर्जन वन में कंटक वृक्षों से मधुफल की अभिलाषा की ।।
111 ।।

❦❦❦

पर सुनो क्षात्र कुल के कलंक क्षत्रीत्व दिखाने वालों तुम ।
नारी पर करके बल प्रयोग वीरत्व दिखाने वालों तुम ।।
जिसने अपवित्र किया छूकर उसको पृथ्वी में बोये बिन ।
उस कुल कलंक के रक्त-रक्त से इन केशों को धोये बिन
।। 112 ।।

❦❦❦

इनका मैलाप्य असंभव है निज मृत्यु भले ही आ जाये ।

यह क्षत्राणी का दृढ़ प्रण है जो कभी अन्यथा न जाये ।।
हे मुट्ठीभर व्यभिचारीजन अक्षम्य पाप करने वाले ।
इस महानगर पर अब विनाश के छायेंगे बादल काले ।।
113 ।।

अपराध तुम्हारा है परन्तु सम्पूर्ण हस्तिनापुर वासी ।
इस कठिन दण्ड को भोगेंगे राजा हो चाहे सन्यासी ।।
मेरे मुख से प्रस्फुटित हुआ न वाक्य अन्यथा जायेगा ।
इस प्रबल शाप के फलीभूत हो सर्वनाश हो जायेगा ।। 114
।।

ग्रह सूर्य चन्द्रमा तारागण इन सबको साक्ष्य बनाकर मैं ।
अपना मुख पृथ्वी के अम्बर, अम्बर के सम्मुख लाकर मैं
।।
जल जलधि जलज जड़ जंगम जग के सुने ध्यान से सब
प्राणी ।
अपनों से पीड़ित शाप अमिट देती है यह एक क्षत्राणी ।।
115 ।।

11. भीम प्रतिज्ञा

उस काल द्रौपदी के मुख से कुछ भी अनिष्ट फूटा होता ।
यह कुम्भ हस्तिनापुर रूपी कण-कण-कण में टूटा होता ।।
अबला सबला जब होती है पृथ्वी भय से थर्राती है ।
वह छुई-मुई का वृक्ष शीघ्र घातक करील बन जाती है ।।
116 ।।

संसार साक्षी है अधर्म जब भी सीमा से पार गया ।
दुर्गा ने काली बनकर तब है दुष्टो का संहार किया ।।
एक तीव्र ध्वनि ने पर तत्क्षण ही उस प्रवाह को रोक दिया
।
जिस बहती हुई नदी के जल ने सर्वनाश का रूप लिया ।।
117 ।।

अद्र्ध अन्धिका नारी थी वह दुर्योधन की माता ही ।
इनकी करनी का फल निश्चित ही देगा इन्हे विधाता ही ।।
सगरवंश के इस विनाश का यह कलंक तुम मत पालो ।
जीवन भर का यह सतीत्व इस तुच्छ कर्म में मत डालो ।।
118 ।।

सत्ता मद में बौराये तुम क्या जानो नारी की पीड़ा ।

तुमको प्रति वस्तु दीखती है आखेट तथा यह द्युत क्रीड़ा ।।
आभास नहीं तुमको परन्तु कैसा तुमने अपराध किया ।
नौ मास तक रक्त पिलाकर जिसने तुमको जन्म दिया ।।
119 ।।

प्रश्नो का तीर लगा जाकर एक धार्तराष्ट्र की छाती पर ।
जो चला द्रौपदी के मुख से था मौन उसे अब भी पाकर ।।
इस महाराज्य के राजा हैं उत्तरदायित्व आपका है ।
अन्याय न्याय में भेद करें क्या उचित तथा अनुचित क्या
है ।। 120 ।।

अब मौन तोड़ मेरे प्रश्नों का उत्तर दें हे पूज्य पिता ।
सुतवधू आपकी होती यदि व्यवहार यही होता तब क्या ।।
मैं सगी नही हूँ सही किन्तु हूँ सम्राज्य का एक अंग ।
पर यह व्यवहार किया जायेगा सारी नगर नारियों संग ।।
121 ।।

क्षमा चाहता हूँ मैं भी लज्जित हूँ अपनी करनी पर ।
क्या करूँ मगर हूँ नेत्रहीन व भार बना इस धरिनी पर ।।
तेरा अपमान हुआ पुत्री उसको भरने में अक्षम हूँ ।
जो तू चाहे तेरी इच्छा पूरी करने में सक्षम हूँ ।। 122 ।।

इस त्रिया चरित के चक्रण में न उलझें हे अतिपूज्य पिता ।

क्योंकि इस दुष्टा नारी को नियमानुसार ही है जीता ।।
मुक्ति का स्वप्न भूल जा तू अब तू धन है दुर्योधन का ।
यह कह अपनी दायीं जंघा को उसने थापी से पीटा ।। 123
।।

बस बहुत हुआ यह नगन नृत्य मैं भीम पाण्डु का एक पुत्र
।
यह आज प्रतिज्ञा करता हूँ कुछ और नहीं इसके अन्यत्र ।।
परिणाम युद्ध जब आयेगा इस दुष्ट दुःशासन की छाती ।
को चीर लहू इसका पीकर केशों में यह जल की भाँती ।।
124 ।।

अतितीव्र ध्वनि गुंजायमान उस राज्यसभा संग सकल विश्व
।
के सकल जीव कम्पित होकर प्रतिदर्श हुआ सबका भयत्व
।।
अन्येक प्रतिज्ञा कर डाली बस उसी क्रोध की ज्वाला में ।
दुर्योधन की जंघा तोड़ूँगा कभी किसी रणशाला में ।। 125
।।

भय खाकर अंधे राजा ने प्रतिलोभित कर पाँचाली को ।
वर माँग कहा हे प्रिय पुत्री निधि कैसी भी गुणवाली हो ।।
द्यूत चक्रजाल में फँसे हुये यह आर्यपुत्र श्री धर्मराज ।

देना है यदि इनकी मुक्ति का वर दीजै हे महाराज ।। 126
।।

❧❧❧

यह छोटा वर तो दिया किन्तु मेरा अभिलाष अधूरा है ।
अब भी कुछ देने को इच्छुक यह एक प्रजापति सूरा है ।।
कुछ माँग मेरे व्याकुल मन को मिलने दो थोड़ी आत्मशान्ति
।
कुछ ऐसा जो तेरे मुखमण्डल की लौटाए गयी कान्ति ।।
127 ।।

❧❧❧

नारी के मुख की कान्ति अनादर से मलीन ही होती है ।
धन तथा सम्पदा के जल से न यह धोयी जा सकती है ।।
फिर भी यदि तत्पर हैं राजन कुछ देने को तो इतना बस ।
चारों पतियों सँग राज्य मेरा कर सकते हैं मुझको वापस ।।
128 ।।

❧❧❧

सर्वस्व तुम्हें लौटाता हूँ रथ रत्न राज्य व राजाजन ।
कुछ और कहो कुछ भी नवीन संतुष्ट कर सके तेरा मन ।।
इन पाँच काय के दसों हाथ संतुष्ट करेंगे मेरा मन ।
साधो ! साधो ! कह चिल्लाये राजा व अन्य सभा के जन
।। 129 ।।

❧❧❧

12. अंतिम चाल

उद्विग्न दुर्योधन व शकुनी सम्पूर्ण चक्र के भेदन से ।
नवचिंतित नीति बना बोले राजा व अन्य सभा जन से ।।
मेरी जीती सम्पत्ति अगर ऐसे ही व्यर्थ चली जाये ।
तो विजय पराजय के महत्व की वृथा कल्पना की जाये ।।
130 ।।

❧❧❧

पर शिरोधार्य करके पितु की आज्ञा के ये अनमोल वचन ।
मै भी तत्पर हूँ देने को द्युत में जीता यह सारा धन ।।
पर एक निवेदन करता हूँ अपने प्रतिद्वन्दी राजा से ।
निन्दा के पात्र नहीं होंगे क्या यदि वह ऐसी भिक्षा लें ?।।
131 ।।

❧❧❧

परिवर्तित नियमों सँग अतः एक और खेल खेला जाये ।
इसमें जो विजयी बनें वो ही इस सकल सम्पदा को पाये ।।
जो गया पराजय के मुख में वह वनस्थली को जायेगा ।
बारह वर्षों सँग एक वर्ष अज्ञात वास भी पायेगा ।। 132 ।।

❧❧❧

यदि आप पराजित हुये तथा अज्ञातवास फिरि लौट सके ।
सम्पत्ति सकल व राज्य सहित पा निवसेंगे स्वामी बनके ।।
साहर्ष युधिष्ठिर के द्वारा प्रस्ताव नवल स्वीकार्य हुआ ।

हा विधिलेखा ! हा क्रूर नियति ! हारा था फिर से हार गया
॥ 133 ॥

13. दुखान्त

परिवर्तित हो संन्यासी में उस इन्द्रप्रस्थ के एक छत्र -
स्वामी वे पाँचो छठे सहित भटकेंगे वन में यत्र-तत्र ।।
वैलास्य त्याग प्रसादों का कुटिया का अनुभव पायेंगे ।
पकवानों का आनन्द कहाँ बस कन्दमूल ही खायेंगे ।। 134
।।

❧❧❧

वह दास-दासियों पूर्ण सरस वैभव मन का अनुपम उलास ।
सब छोड़ यहीं द्युत क्रीड़ा में उद्यानों में बहती सुबास ।।
मखमली बिछौनों पर सोना वह समय हुआ अब पुरा समय
।
अब कुश आसन पर बीतेगी रैना होगा सिंहो का भय ।।
135 ।।

❧❧❧

कँकरी पथरीली राहों पर कंटक भी कोमल पैरों से-
सम्बन्ध बनाने को आतुर दुःख के इन काले घेरों से-
कैसे निकसेगी कोमलता उसके ही की यह असह पीर ।
न रोक सकेगा कोई वीर नैनों से बहता प्रबल नीर ।। 136
।।

❧❧❧

कोमलता के आँसू झर-झर नैनों की सरिता से बहकर ।

वसुधा के आँचल को भीना समझा था जिसको अपना घर
।।
उसके अपने सम्बन्धों ने यह प्रत्याघात किया हम पर ।
एक चक्रव्यूह की रचना कर ठोकर खाने को जीवन भर ।।
137 ।।

निज राज्य-पाट का विलय हुआ व घूँट पिये अपमानों के ।
सीने पर नेकों तीर सहे सामान्य जनों के तानों के ।।
उनके भी सुख का अन्त हुआ जो विश्व विजेता राजा थे ।
सामान्य जनों हम तुम जैसों की गणना क्या उनके आगे ।।
138 ।।

यह द्युत एक जलसागर है गहरा व अनत अथाह भरा ।
जो कूदा इसमें समझो न है अन्य मार्ग है किन्तु जरा ।।
है अतः सभी से नम्र निवेदन करता यह निर्बोध अजान ।
सावधान हो द्युत कर्म का फल लीजै सबही यह जान ।।
139।।

www.ingramcontent.com/pod-product-compliance
Lightning Source LLC
Chambersburg PA
CBHW031418160726
47993CB00003B/1291